letture semplificate per stranieri

Il sosia

AF669901

Marco Dominici

C1-C2

avanzato

EDILINGUA

www.edilingua.it

Marco Dominici è laureato presso la Statale di Milano e nel 2006 ha conseguito il Master Itals (Università Ca' Foscari di Venezia) per l'insegnamento dell'italiano come LS. Ha iniziato a insegnare italiano a stranieri nel 1989 presso l'Inlingua School di Ancona, la sua città di origine. Per quattro anni è stato docente di lingua e cultura italiana presso l'Istituto Italiano di Cultura di Damasco e poi presso il Centro Linguistico dell'Università di Damasco, in Siria.

Ai miei cari, a mia moglie,
a mia figlia Giulia

Sede legale
via Alberico II, 4 00193 Roma
Tel. +39 06 96727307
Fax +39 06 94443138
info@edilingua.it
www.edilingua.it

Deposito e Centro di distribuzione
via Moroianni, 65 12133 Atene
Tel. +30 210 5733900
Fax +30 210 5758903

III edizione: aprile 2020
ISBN: 978-960-6632-18-1 (Libro)
ISBN: 978-960-693-003-4 (Libro + CD audio)
Redazione: Laura Piccolo, Antonio Bidetti
Impaginazione e progetto grafico: Edilingua
Illustrazioni: Massimo Valenti
Registrazioni: *Networks* srl, Milano

Ringraziamo sin da ora i lettori e i colleghi che volessero farci pervenire eventuali suggerimenti, segnalazioni e commenti (da inviare a redazione@edilingua.it).

Legenda dei simboli

1-3 Fai gli esercizi 1-3 nella sezione *Attività*

6 Ascolta la traccia n. 6 del CD audio

Indice

Indice delle tracce del CD audio

Chi non ha il CD audio può scaricare le tracce 9-16 dal nostro sito www.edilingua.it alla sezione *Primiracconti*.

Premessa

La collana *Primiracconti* nasce dalle sempre più frequenti richieste da parte degli studenti di leggere "libri italiani". Tutti sappiamo però quanto ciò sia difficoltoso, soprattutto per studenti di livelli non avanzati; si è pensato quindi di realizzare racconti semplificati che potessero da una parte soddisfare il piacere della lettura con un testo narrativo non troppo esteso né difficile da comprendere e dall'altra offrire un mezzo per raggiungere una maggiore conoscenza della lingua e della cultura italiana. Ogni racconto, infatti, è corredato da attività mirate allo sviluppo di varie competenze, in particolare quelle legate alla comprensione del testo e al consolidamento del lessico usato nel racconto, un lessico che comprende, non di rado, anche espressioni colloquiali o gergali molto diffuse in Italia, presentate sempre in contesto.

Tutti i racconti si avvalgono di vivaci disegni originali (presenti anche nella sezione delle attività) che, oltre ad avere una funzione estetica, sono stati pensati e realizzati per aiutare lo studente a raggiungere una maggiore e più completa comprensione del testo. Allo stesso scopo sono state inserite le note a piè di pagina, ben calibrate nel testo per non appesantirne la lettura.

Ciascun capitolo del racconto è introdotto da una o due brevi domande che hanno lo scopo non soltanto di collegare il nuovo capitolo a quello precedente, ma soprattutto di mantenere alta e viva la motivazione dello studente-lettore, il quale viene introdotto nell'intreccio degli avvenimenti che il nuovo capitolo andrà a svelare.

Il Sosia può essere usato sia in classe sia individualmente, così come le attività relative ad ogni capitolo possono essere svolte sia in gruppo sia dal singolo studente; da una parte, infatti, si fa riferimento alla lettura collettiva, sempre utile in classe in relazione a un testo narrativo; dall'altra si offre l'occasione unica di una lettura individuale, importante tanto per un eventuale e successivo lavoro in classe, quanto, e soprattutto, per lo studente all'inizio del suo percorso di studio dell'italiano.

Tutti i volumi della collana *Primiracconti* sono disponibili con o senza CD audio. Il CD audio, con la lettura a più voci del testo eseguita da attori professionisti, è importante non solo perché offre delle interessanti attività di ascolto, ma anche perché fornisce allo studente l'opportunità di ascoltare la pronuncia e l'intonazione corretta del testo, cosa quanto mai importante ai primi livelli e sicuramente sempre gradita.

Buona lettura!

Rapimento, riscatto, rapitori: sono parole che troverai in questo racconto. Ne conosci il significato? In genere, cosa succede quando una persona viene rapita?

Un rapimento importante

La notizia del rapimento del grande imprenditore[1] Maneggioni fu trasmessa da tutti i canali di informazione: primi, naturalmente, i siti internet, poi le radio e infine le televisioni, che dedicarono all'evento un'edizione straordinaria.

Alle 9 di mattina, tutta l'Italia sapeva che Onofrio Maneggioni, il grande magnate[2] della finanza, era stato rapito poco dopo aver lasciato la sua villa fuori Milano. La moglie lo comunicava durante una breve e improvvisata conferenza stampa[3], dopo aver ricevuto una telefonata anonima[4].

– Chi pensa possa aver rapito suo marito? – chiedeva uno dei tanti giornalisti che aspettavano fuori dal cancello della grande villa Maneggioni.

– Non saprei, la voce di chi mi ha telefonato era camuffata[5], ma ho riconosciuto un accento del nord Italia.

– Uno dei suoi concorrenti? La criminalità organizzata?... – insistette il giornalista, iniziando appena la lista dei (molti) possibili nemici di

1. *imprenditore*: uomo d'affari che ha delle imprese, cioè aziende e industrie.
2. *magnate*: persona molto ricca e potente economicamente.
3. *conferenza stampa*: incontro ufficiale con i giornalisti.
4. *anonima*: di cui non si conosce il nome dell'autore.
5. *camuffata*: mascherata, alterata appositamente.

Maneggioni.

– Ripeto, non so niente: la polizia sta indagando[6], da parte mia, posso dire solo che ero completamente estranea agli affari di mio marito, non saprei dirvi niente di utile.

Detto questo, la moglie si ritirò[7] dietro il cancello della villa, seguita dal suo avvocato, i suoi tre figli e qualche gorilla[8].

Rimase fuori dalla villa solo il commissario di Polizia Tiziano Farinelli, ma subito entrò nella sua auto per evitare le domande insistenti dei giornalisti.

In verità, il primo a dare la notizia era stato il canale privato di proprietà di Maneggioni, la sua TelePacchia, nata solo da alcuni mesi ma su cui Maneggioni puntava[9] molto per entrare nel mondo delle telecomunicazioni: "Se non sei in televisione, non sei nessuno", era solito dire e incominciava a fare una serie di nomi famosi che, in effetti, erano tutti i giorni sugli schermi televisivi di tutta Italia, senza avere altre doti[10] eccetto quella, appunto, di essere davanti alle telecamere, e non dietro.

Insomma, TelePacchia fu la prima ad avere l'esclusiva[11] della notizia del clamoroso[12] rapimento e sicuramente, se Maneggioni non fosse stato nelle mani dei suoi rapitori, avrebbe apprezzato l'efficienza dei suoi giornalisti, i servizi speciali dedicati alla sua figura, gli aggiorna-

---

6. *indagare*: ricercare la verità.
7. *ritirarsi*: rientrare in casa.
8. *gorilla*: guardia del corpo, chi per lavoro protegge le persone importanti.
9. *puntare su...*: contare su, fare affidamento su qualcuno o qualcosa per raggiungere un obiettivo.
10. *dote*: aspetto e qualità positiva di una persona; virtù.
11. *avere l'esclusiva*: espressione giornalistica usata per indicare che si ha la notizia prima di tutti gli altri.
12. *clamoroso*: incredibile, inaspettato.

menti continui in diretta; e che dire degli altri inviati dei giornali più prestigiosi, costretti ad arrivare sempre un minuto dopo questa piccola televisione appena nata, ma che adesso era la regina dell'informazione?

Già, se solo Maneggioni fosse stato libero, avrebbe davvero fatto salti di gioia nel vedere la sua piccola TelePacchia diventare in un giorno il canale informativo più seguito d'Italia.

Me se vi dicessi che, in quel preciso istante in cui i giornalisti si scannavano[13] per avere le notizie più esclusive, Onofrio Maneggioni era tranquillamente disteso su un letto di un appartamento nel centro di Torino, completamente ignaro[14] di quello che stava succedendo? Non ci credereste? E fareste male. Perché veramente, al momento del rapimento, Onofrio Maneggioni era nel suo sonno migliore, con accanto Galina, la sua amante russa, che proprio in quel momento si svegliava per preparargli il caffè, come tutte le volte in cui lui andava a trovarla nel suo bell'appartamento nel centro di Torino, che Galina aveva avuto come regalo di compleanno, indovinate un po' da chi.

1-3

13. *scannarsi*: competere, litigare, lottare violentemente.
14. *ignaro*: detto di una persona che non conosce ciò che succede intorno a lei.

TELEPACCHIA

Che cos'è una biografia? In quali occasioni si fa la biografia di una persona? Immagina quella del grande imprenditore Maneggioni.

Onofrio Maneggioni: chi era costui?

Ma, prima di continuare, penso vogliate sapere chi era, o meglio chi è, Onofrio Maneggioni. Non fidatevi di ciò che diranno i telegiornali (soprattutto il suo), che parleranno di un grande uomo d'affari, lungimirante[1] imprenditore eccetera: in verità, Maneggioni aveva cominciato con una piccola impresa edile[2] e si era arricchito costruendo le ville abusive[3] dei boss della mafia. Grazie al loro aiuto, poi, aveva ottenuto appalti[4] per costruire autostrade, ospedali e interi quartieri a Roma, a Torino e a Milano. In pochi anni era diventato ricchissimo, potentissimo, ambiziosissimo, aveva fondato una compagnia di assicurazioni, comprato una catena[5] di alberghi, una di ristoranti e, essendo un gran-

1. *lungimirante*: che sa guardare lontano.
2. *edile*: impresa che si occupa della costruzione di opere pubbliche ed edifici privati (case, appartamenti, palazzi e così via).
3. *abusivo*: non autorizzato, illegale.
4. *appalto*: contratto per la realizzazione di un'opera pubblica.
5. *catena*: una serie di alberghi o ristoranti che hanno lo stesso nome e lo stesso proprietario.

de appassionato di pallacanestro, aveva recentemente acquistato una squadra di basket. Nel tempo libero, il suo hobby era vendere armi ai paesi più poveri dell'Africa e dell'Asia: aveva infatti ottimi rapporti con i più sanguinari dittatori del mondo, che potevano sempre contare su di lui per dei prezzi di favore.

Insomma, Maneggioni era un pescecane[6], un uomo senza scrupoli[7], una vera e propria carogna[8], con una lista di nemici che sembrava l'elenco telefonico di Tokyo; del resto, lui stesso era solito dire: "Non esistono gli amici, ci sono solo complici[9]; e i nemici, chi non ne ha è un perdente."

Da tutto ciò si può facilmente comprendere che il nostro Onofrio Ma-

6. *pescecane*: squalo, detto di persona che si è arricchita con facilità in modo illegale e disonesto.
7. *scrupolo*: dubbio sull'opportunità o sulla correttezza di un'azione, di un comportamento.
8. *carogna*: persona molto crudele, falsa, sleale. Anche: "bastardo".
9. *complice*: chi aiuta qualcuno a commettere un reato, un crimine.

neggioni non fosse esattamente un simpaticone.

Eppure, sua moglie lo amava di un amore addirittura sincero e gli aveva dato anche tre figli, due maschi, squali come lui, ma molto più stupidi, e una femmina, una bellissima ragazza tutta fitness e lampade abbronzanti, viaggi caraibici e amori brevi con uomini famosi: aveva appena compiuto 25 anni ed era già stata showgirl, cantante rock, surfista, modella, e, per finire, frequentatrice fissa di vari talk show, reality show e trasmissioni televisive simili. Le sue uniche letture erano i cataloghi di moda, le brochure delle beauty-farm e le riviste di gossip.

I due figli maschi erano invece totalmente dipendenti dalla ricchezza del padre: il più grande, dopo aver finito il liceo a 23 anni e non senza aiuti importanti, era stato messo a dirigere una delle catene di alberghi di proprietà del padre, naturalmente senza fare altro se non guadagnare uno stipendio esagerato; l'altro, non certo più brillante[10], era nel Consiglio di Amministrazione[11] della "Maneggioni Spa", cosa che permetteva al padre di far firmare al figlio le carte più compromettenti[12] e gli affari meno puliti, cioè in pratica quasi tutti.

4-7

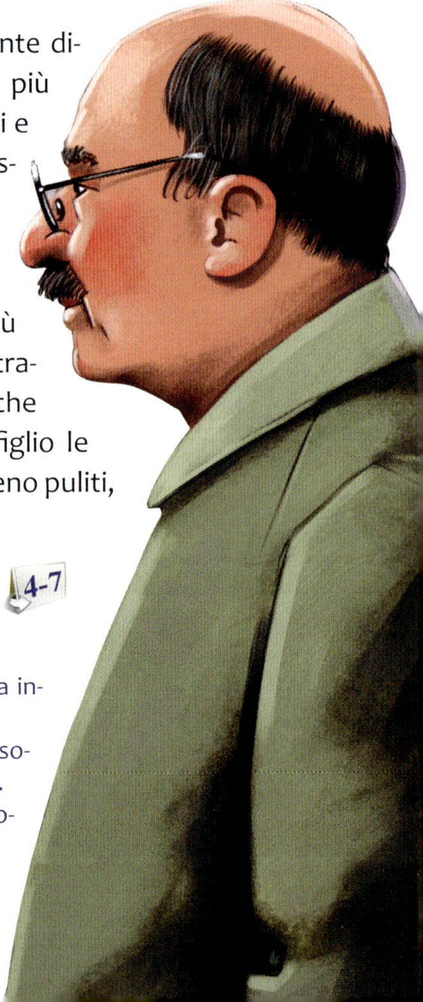

10. *brillante*: splendente, detto di una persona intelligente e brava.
11. *Consiglio di Amministrazione*: gruppo di persone che prendono le decisioni in un'azienda.
12. *compromettente*: non legale e quindi pericoloso per la reputazione.

Se Maneggioni non è stato rapito ed è nella casa della sua amante, chi è stato veramente rapito? Fate qualche ipotesi.

Maneggioni rapito o libero?

Dopo questo edificante[1] ritratto familiare, torniamo in quel bell'appartamento nel centro di Torino, ricordate? La bella russa 22enne Galina, ufficialmente la segretaria personale di Maneggioni, sta preparando il caffè per il suo amato Onofrio, che intanto ronfa[2] nel letto.

Potete facilmente immaginare lo stupore della signorina Galina quando, accendendo la radio tra gli aromi del caffè, sente la notizia del rapimento del grande imprenditore che, nel frattempo, viene svegliato dal profumo inconfondibile del caffè (altro detto del Maneggioni: "Se Dio c'è, si sveglia con l'odore del caffè!").

La bella russa si precipita in camera da letto, come se volesse controllare che il suo Onofrio sia proprio lì, e non nelle mani dei rapitori:
– Gattone (così la fanciulla russa chiama il nostro pescecane), ma hai sentito radio? Dice che tu rapito!

Maneggioni, ancora in estasi per il sonno ristoratore[3] e il sublime[4] aroma del caffè, per qualche istante non capisce nemmeno dove si trova.

– Micia (così il pescecane chiama la fanciulla[5]), ma è possibile che dopo un anno in Italia ancora non capisci bene la lingua? Eppure ti ho

---

1. *edificante*: positivo, che dà il buon esempio.
2. *ronfare*: russare.
3. *ristoratore*: che dà riposo, ristoro.
4. *sublime*: meraviglioso.
5. *fanciulla*: termine di origine medievale, per indicare una giovane ragazza. In questo caso è usato ironicamente.

pagato un corso intensivo di italiano che mi è costato 4000 euro!

– Gattone, davvero, io capito bene, radio dice che tu rapito oggi, vieni a sentire tu anche!

– Uff, ma che dici, come posso essere stato rapito se sono qui con te? Ma come ti viene in mente?

Nonostante tutto, però, Onofrio Maneggioni si alza, faticosamente raggiunge la cucina, si siede e si prepara a gustare il caffè: ma le notizie della radio fermano la sua mano a metà del gesto: non c'è dubbio, la radio parla proprio di lui, e dice davvero che è stato rapito e...

– Presto, Galina, accendi la televisione, metti su TelePacchia! – ordina Maneggioni, improvvisamente sveglissimo.

Galina obbedisce[6], e Maneggioni quasi rotola[7] nel salotto inciampando sul tappeto (altro regalo per Galina, un preziosissimo persiano antico, pagato una fortuna): nello schermo, il giornalista principale di TelePacchia è eccitatissimo, tra servizi speciali, ultimi aggiornamenti, inviati da interpellare[8].

– Porca malora, ma è vero! – esclama Maneggioni, che,

---

6. *obbedire*: eseguire un ordine, fare ciò che viene detto di fare.
7. *rotolare*: cadere girando su se stesso.
8. *interpellare*: chiedere l'opinione di qualcuno.

sarà anche un pescecane, ma non riesce proprio a dire parolacce troppo forti.

– Visto, gattone? Tu rapito...

– Macché rapito, non vedi che sono qui con te? Non diciamo stupidaggini, per favore!

– Ma allora chi rapito...!?

– Ci dev'essere un errore... La televisione dice che ero appena uscito di casa, e io...

Ma d'improvviso nella mente di Maneggioni si illumina una lampadina da 200 watt.

– Il sosia! Quella carogna!

– Chi sosia, gattone?

– Galina, sarebbe troppo lungo da spiegare... ma forse sai che alcuni dittatori, come Stalin, avevano almeno due o tre sosia perfetti, persone che gli assomigliavano al cento per cento...

– Sì, ma... cosa c'entra[9] tu con Stalin...?

– Vedi, Galina, anche io ho fatto come lui: una volta ho visto in giro un tizio che mi assomigliava come una goccia d'acqua, e mi è venuta l'idea: usarlo nelle occasioni più difficili, per esempio ai convegni troppo noiosi dove non ho voglia di andare, agli appuntamenti culturali, insomma cose così. È un sosia perfetto, addirittura con il tempo ha cominciato ad essere esperto di economia e di finanza, quasi come me! Ah, magari avessi un figlio come lui!

– Ma televisione dice lui uscito da tua casa!

– È questo che mi preoccupa, Galina: il sosia ha sempre avuto dispo-

---

9. *cosa c'entra*: che relazione c'è fra...

sizioni[10] precise di non avere nessuna relazione con la mia famiglia, nessuno dei miei figli o mia moglie deve sapere che lui esiste!

– E allora...?

– E allora, questo bastardo se la fa[11] con mia moglie mentre io sto con te, ecco cosa! Ah... ma adesso si è fregato[12] da solo. Ah! ah! ah! Hanno rapito lui e adesso sono fatti suoi! Ah! ah! ah! – e qui fa una sonora risata, ma senza essere veramente felice.

8-9

10. *disposizione*: ordine.
11. *farsela* (espressione colloquiale): avere una relazione intima con qualcuno.
12. *si è fregato da solo* (espressione colloquiale): si è messo in una situazione negativa creandosi dei problemi da solo.

Maneggioni interverrà al Consiglio di Amministrazione della sua azienda. Fai delle previsioni su cosa potrà succedere in questa riunione.

Consiglio di Amministrazione

Ore 11.00: il Consiglio di Amministrazione (detto CdA) della "Maneggioni Spa" si riunisce d'urgenza per discutere dell'improvvisa emergenza. Sono presenti: il vice di Maneggioni, Sgarfigna, il presidente Stolidi, il vicepresidente Corrotti e altri personaggi di contorno[1], tra cui, naturalmente, il figlio di Maneggioni, il 32enne Claudio, pronto a firmare qualsiasi carta, abituato com'è a non fare altro.

– Signori – inizia con sussiego[2] Sgarfigna – non c'è bisogno di dire che la situazione è grave, molto grave.

Tutti annuiscono, qualcuno rimette in ordine dei documenti sul tavolo tanto per fare qualcosa.

– Il nostro primo azionista – continua Sgarfigna – è stato rapito questa mattina alle 8.00, mentre come ogni giorno si recava al lavoro, come sempre prima di tutti noi (ecco un'altra ragione per cui Maneggioni usava il sosia).

Applauso dei presenti, tanto pronto quanto inutile.

A questo punto interviene Stolidi, il presidente:
– Bisogna subito fare qualcosa, non possiamo permettere che questo spiacevolissimo e drammatico evento possa influire[3] troppo sui nostri affari...

---

1. *contorno*: di poca importanza.
2. *sussiego*: atteggiamento serioso, per darsi importanza.
3. *influire*: influenzare, avere conseguenze.

Ma proprio mentre tutti pensano a possibili soluzioni, ecco che una voce inconfondibile tuona dalla porta:
– Ma che drammatico evento! Eccomi qui!

Tutti guardano verso la porta stupefatti: Maneggioni! Maneggioni è tra noi! Strette di mano, abbracci, congratulazioni, domande, esclamazioni di stupore: così viene accolto Maneggioni, che però rimette presto tutti a sedere e si affretta a spiegare la situazione.

– C'è stato evidentemente un equivoco[4]: questi criminali credono di aver rapito me, ma in verità si tratta di un'altra persona.

– E di chi? – Chiedono tutti quasi in coro: nessuno pensa al sosia, anche perché tutti sanno che il sosia ha l'ordine preciso di non avvicinarsi per nessuna ragione alla villa Maneggioni.

– Ehm... – prima di parlare, Maneggioni guarda il figlio Claudio, l'unico a non sapere niente del sosia – Claudio, figlio mio, per favore vai a casa a tranquillizzare la mamma, ma non dire ancora niente ai giornalisti, mi raccomando[5]! Parla solo con la mamma, hai capito?

– Sì, papà.

– Ripeti cosa ho detto.

– Devo andare a parlare con la mamma...

– E...?

– E tranquillizzarla.

– E...?

– ...E non devo dire niente ai giornalisti.

4. *equivoco*: malinteso.
5. *mi raccomando* (espressione colloquiale): significa "non dimenticare, è importante!".

– Bravo. Vai, ora, dai!

Adesso Maneggioni è libero di spiegare tutto ai suoi collaboratori, anche se la cosa lo costringe ad ammettere che il suo sosia ha passato la notte con la moglie, e probabilmente non per la prima volta. Del resto, tutti sanno che Maneggioni ha almeno tre amanti, tra le quali Galina, che a sua volta pensa di essere l'unica.

– Insomma, tutto è bene quel che finisce bene! – conclude incautamente[6] uno degli azionisti del consiglio.

– Un corno! – chiosa[7] Maneggioni – Adesso viene il difficile: dobbiamo o no rivelare[8] l'esistenza di questo sosia alla stampa? Sarebbe una catastrofe per la mia immagine, non pensate? – Per un attimo, tutti meditano su questo nuovo problema.

– Effettivamente – inizia Sgarfigna – non sarebbe certo opportuno parlare di questo sosia: immagino già gli scandali, i gossip, le riviste rosa...

– Ma che mi importa degli scandali e delle riviste rosa, io parlo di business, di immagine, di marketing! Ma ci pensate, quanti vorranno andare ancora in un albergo di uno che ha il sosia che se la fa con la moglie mentre lui a sua volta chissà dov'è...?

Nel silenzio imbarazzato che segue queste parole, si alza la voce nasale e rotta[9] di Corrotti, che fino a quel momento è stato sempre muto e seduto sulla sua poltrona:
– Ma perché dovremmo rivelare tutto? Diciamo solo quello che ci fa comodo[10] dire.

---

6. *incautamente*: senza pensare a cosa dice o fa.
7. *chiosare*: criticare aspramente.
8. *rivelare*: dire apertamente a tutti la verità.
9. *voce rotta*: voce debole e poco chiara.
10. *fare comodo a qualcuno* (espressione colloquiale): significa "è utile per qualcuno".

Tutti si voltano verso di lui e Maneggioni gli lancia uno sguardo interrogativo. Corrotti, da buon avvoltoio[11] qual è, in queste situazioni si trova perfettamente a suo agio e aggiunge:
– Diciamo semplicemente che questo sosia è sempre pronto fuori dal cancello di casa tua per ragioni di sicurezza: esce una decina di minuti prima di te e tu puoi tranquillamente andare a lavorare senza essere disturbato da giornalisti, curiosi e, in questo caso, anche rapitori.

– Corrotti, sei un genio! – esclama Maneggioni – Solo che...

– Cosa? – chiede con un filo di voce Sgarfigna, irritato[12] perché Corrotti ha avuto una buona idea e lui no.

– Solo che lo vorrei far stare nelle mani di quei criminali per un po' di tempo, a quel bastardo – dice con un ghigno[13] Maneggioni. E poi, a voce più alta: – Aspettiamo ancora un giorno, sentiamo cosa vogliono quei banditi, poi decideremo quando e come muoverci. La seduta è chiusa, arrivederci. E... mi raccomando, acqua in bocca[14] con i giornalisti!

Tutti escono, stringendo la mano al loro megapresidente, non tutti in realtà così felici di saperlo sano e salvo[15].

10-12

---

11. *avvoltoio*: grosso uccello che mangia gli animali già morti. Detto di una persona che trae vantaggi dalle disgrazie altrui.
12. *irritato*: arrabbiato, innervosito.
13. *ghigno*: sorriso cattivo, malvagio.
14. *acqua in bocca* (espressione colloquiale): invito a non parlare di qualcosa.
15. *sano e salvo* (espressione idiomatica): senza nessun danno fisico, completamente al sicuro.

Ti piacerebbe avere un sosia? Perché? Cosa faresti se ne incontrassi uno?

Il sosia

Il giorno dopo, il telegiornale di TelePacchia poteva dare in esclusiva la notizia che i rapitori chiedevano come riscatto alla famiglia 10 milioni di euro, una delle ville in Sardegna di Maneggioni e l'autografo di Bumacher, il famoso pilota tedesco della Ferrari, nonché caro amico del grande magnate.

Ormai TelePacchia era la televisione più vista d'Italia e questo successo, con conseguenti pubblicità al costo di decine di migliaia di euro, dava ragione alla decisione di Maneggioni di aspettare un po' prima di parlare a tutti del sosia. Maneggioni aveva fatto bene i suoi conti e non solo in questo modo faceva stare il suo sosia ("quella carogna", ormai era chiamato così) più tempo nelle mani dei rapitori, ma gli permetteva di fare affari d'oro[1] con il

1. *affari d'oro*: ottimi affari.

suo canale televisivo: questo rapimento, insomma, si era trasformato in un ulteriore affare.

Naturalmente, il grande imprenditore restava chiuso nel suo ufficio, dormiva e mangiava lì senza che nessun giornalista o curioso potesse vederlo, almeno per il momento. Poi, a tempo debito[2], sarebbe riapparso, ovviamente dagli schermi della sua TelePacchia, per un altro scoop milionario! Che genio! Senza saperlo, i suoi rapitori gli avevano fatto un favore!

Già, i suoi rapitori... Ma chi sono? Andiamo nel loro covo[3] a vedere

---

2. *a tempo debito*: al momento giusto.
3. *covo*: luogo in cui vivono gli animali selvatici; in senso figurato, indica il nascondiglio, il rifugio segreto.

cosa succede.

Dopo aver rapito quello che pensano sia il vero Onofrio Maneggioni, i criminali lo portano in un posto segreto, bendato[4] e con le mani legate.

– Dove mi portate? Chi siete? Avete sbagliato persona, io non sono... – grida il sosia di Maneggioni, terrorizzato.

– Sta' zitto! Quando saremo arrivati ti slegheremo, ma ora sta' zitto! – dice uno dei criminali, col volto coperto.

Arrivati al loro rifugio, i rapitori tolgono la benda al sosia e lo chiudono

4. *bendato*: che ha gli occhi coperti da una striscia di stoffa (benda).

in una camera. Il sosia si guarda intorno: un letto che sembra comodo, una televisione satellitare, una scrivania con un computer, un armadio pieno di bei vestiti: mica male[5]!

Entra un uomo parlando con accento ispanico:
– Allora, segnor, tu sei nostro ospite: non vogliamo farti del male, no, chiedi quello che vuoi e noi tenteremo de accontentarti, per quello che ci è posible. Està bien?

– Ho fame! – dice subito il sosia, che non ha fatto colazione.

– Cosa vuoi da mangiare? – chiede il sudamericano.

– Due panini alla mortadella, un succo d'arancia, un cappuccino, due cornetti al cioccolato e una bottiglia d'acqua Freschina, quella che non fa male ai reni. Ah, di solito faccio colazione leggendo *la Gazzetta dello Sport*[6].

– Altro? – chiede ironicamente il rapitore.

– Sì, anche un panino al tonno – risponde serissimo il sosia.

Il rapitore sudamericano guarda il suo prigioniero senza parlare: se queste sono le sue abitudini alimentari, dovranno alzare la cifra del riscatto!

Mentre i suoi rapitori fanno la spesa per lui, il sosia comincia a considerare la sua situazione: lo hanno rapito pensando che lui sia Maneggioni, ovvio. Ma il problema è: quando scopriranno l'errore? Deve dirglielo lui stesso? No, pensa, se dicesse loro la verità, per loro diventerebbe un individuo insignificante da eliminare senza nessun problema. E se la televisione desse la notizia? ...La televisione!

Il sosia accende subito la tv satellitare nella sua stanza e, appena ascolta le ultime notizie su TelePacchia, si tranquillizza: tutti ancora

---

5. *mica male* (espressione idiomatica): significa "non male, molto bene!".
6. *la Gazzetta dello Sport*: nome del quotidiano sportivo più diffuso in Italia.

parlano del rapimento di Maneggioni, la polizia indaga, la Borsa è in difficoltà, il governo non sa che fare, i giornalisti sono tutti occupati a cercare notizie fresche, dichiarazioni, gossip. Nessuno ha ancora detto che il rapito non è Maneggioni, ma il suo sosia.

"E ci credo" pensa il sosia "se viene fuori la verità, non conviene[7] a nessuno, Maneggioni incluso. Sai che[8] scandalo, il sosia rapito mentre usciva dalla camera della signora...!"

Il sosia (che in verità si chiama Ivo) ride tra sé, ma presto la risata gli muore in gola.

"Prima o poi" pensa "tutta la verità verrà a galla[9], i rapitori sapranno che io non sono Maneggioni e, anche se mi libereranno senza farmi del male, sarà Maneggioni che mi ammazzerà...!"

Alla fine, il sosia arriva alla conclusione che per ora non può fare niente, non è certo lui a poter controllare le cose; inoltre, questi pensieri gli fanno perdere l'appetito. A proposito, ma quando arriva la colazione?

Ecco il sudamericano (o spagnolo, boh!) che arriva con una busta piena di leccornie[10], tutto quello che Ivo aveva chiesto. Al vedere tanto ben di Dio[11], Ivo dimentica tutti i suoi problemi e si avventa[12] sul cibo.

7. *conviene*: è utile o vantaggioso.
8. *sai che* (espressione idiomatica): significa "immagina...".
9. *venire a galla* (espressione idiomatica): significa "venire alla luce".
10. *leccornie*: cose molto buone da mangiare.
11. *ben di Dio*: idiomatismo per indicare una grande quantità di cose belle o buone.
12. *avventarsi*: lanciarsi.

– Quell'hombre ha una fame che mangerà anche i mobili – dice poi il sudamericano ai suoi complici.

– Non ti preoccupare, Pedro, questa storia finirà presto – dice un tizio grasso e grosso, parlando con accento milanese.

– Cosa vuoi dire, capo, che lo ammazziamo? – replica uno spilungone[13] dall'aria poco sveglia e con una sigaretta spenta sempre tra le mani.

– Vedremo. Ma penso proprio che ci daranno quei 10 milioni: in fondo, per loro, sono spiccioli[14].

– E l'autografo di Bumacher? – replica lo spilungone.

– Quella è una tua stupida idea – ringhia il capo – credi davvero che Bumacher firmi uno stupido autografo per te?

Ma proprio in quel momento, alla televisione, che i rapitori tengono sempre accesa, appare il faccione di Alfred Bumacher, che con tutta serietà dice nel suo italiano zoppicante[15]:
– Fi preco, liberate mio amiko Onofrio, lui molto puono: per aiutare lui, foglio regalare foi mia tuta e mio casco con autografo, ma bitte, per fafore, liperate lui.

Lo spilungone guarda con aria esterrefatta[16] Bumacher che parla proprio a lui, dice quelle cose proprio a lui! Poi si volta verso gli altri due e dice: – Hai visto, capo? Anche il casco!

13-14

---

13. *spilungone*: termine popolare per descrivere una persona molto alta.
14. *spicciolo*: moneta, in questo caso "pochi soldi".
15. *zoppicante*: si dice di una persona che non riesce a camminare bene perché ha un problema alla gamba. In senso figurato, significa "insicuro", "poco corretto".
16. *esterrefatto*: molto sorpreso, incredulo.

Pensi che la notizia del rapimento resterà a lungo "in prima pagina"? Perché? Come spiegheresti l'espressione "informazione-spettacolo"?

La realtà supera l'immaginazione

Dopo una settimana di prime pagine, servizi speciali, interviste ad amici, parenti, nemici e falsi amici di Maneggioni, con il passare del tempo il rapimento non era più una novità.

I giornalisti iniziarono a occuparsi di altro e i titoli si spostarono dalla prima pagina alla seconda, poi alla terza e, infine, addirittura in quarta pagina. Nei telegiornali si parlava ormai del rapimento a fine notiziario, prima delle previsioni del tempo. Che umiliazione per Maneggioni!

TelePacchia era tornata ad essere una televisione di quarta categoria,

tutta concentrata su un rapimento che interessava sempre meno.

Maneggioni, nel suo ufficio-bunker, camminava nervosamente avanti e indietro, furibondo[1].

– Sciacalli[2]! Carogne! Buffoni[3]! Iene[4]! – ripeteva in continuazione, e in generale.

"Ci vuole una trovata[5], un colpo di teatro" pensava fumando una sigaretta dietro l'altra (lui, che prima d'ora non aveva mai fumato!). "Ci vuole una notizia in esclusiva che faccia tornare il caso Maneggioni in prima pagina, che faccia tornare gli sponsor a TelePacchia..." ma, nonostante le mille sigarette e tutti i suoi dipendenti dell'Ufficio pubblicità al lavoro 24 ore su 24, non veniva un'idea decente[6] nemmeno per sogno.

Ogni tanto bussava alla porta un creativo, con la cravatta slacciata e i capelli spettinati e proponeva l'ultima trovata dei suoi colleghi:
– Signor presidente! Abbiamo avuto un'altra idea! – diceva.

– Sentiamo... – sospirava Maneggioni ormai senza entusiasmo, dopo tanti tentativi inutili.

– Facciamo volare sulla città un elicottero con la scritta "liberate Maneggioni" e per la strada mandiamo delle ragazze in bikini...

– Fuori di qui, imbecille! – gridava Maneggioni, lanciando al povero impiegato l'ennesimo[7] portacenere (naturalmente pieno) che, come

---

1. *furibondo*: molto arrabbiato.
2. *sciacallo*: animale simile al lupo che mangia gli animali morti (carogne); in questo caso, persona che trae vantaggi dalle disgrazie degli altri.
3. *buffone*: persona non seria, non degna di fiducia.
4. *iena*: animale simile al lupo che mangia le carogne degli altri animali. In senso figurato, una persona crudele e disumana.
5. *trovata*: una buona idea.
6. *decente*: adeguata alla situazione.

tutti gli altri, andava a sfracellarsi[8] sulla porta del suo ufficio.

– Imbecilli, non sanno fare altro che trovare idee imbecilli! – ringhiava Maneggioni. – Come sempre devo fare tutto da solo, come sempre!

A mezzanotte e un quarto Maneggioni ebbe un'idea, ma era troppo stanco: si addormentò sulla scrivania, col telefonino ancora in mano mentre stava per telefonare al fedele Corrotti. Alle sei di mattina era ancora così, col cellulare al posto del cuscino.

Fu svegliato da un toc toc nervoso alla porta, poco dopo le 7.30. Era proprio Corrotti, che con la sua voce nasale lo chiamava: – Onofrio, Onofrio!

– Che c'è... che è successo, che è? – disse Maneggioni, che odiava essere svegliato di soprassalto[9].

– Leggi qui, è incredibile! – diceva Corrotti mostrando a Maneggioni il giornale del mattino.

CORRIERE DELLA SERA

IL RAPIMENTO MANEGGIONI SOLO UN TRUCCO[10]: UN SOSIA NELLE MANI DEI RAPITORI

7. *ennesimo*: ancora un altro dopo molti prima di lui.
8. *sfracellarsi*: rompersi con violenza.
9. *di soprassalto*: d'improvviso.
10. *trucco*: un inganno, una cosa non vera.

La notizia data dallo stesso imprenditore nella sua villa insieme alla famiglia.

– Porca malora, ma cos'è questa storia? – gridò Maneggioni.

– Non lo so, Onofrio, io credevo... – Corrotti, per la prima volta nella sua vita, non sapeva né cosa dire né cosa fare. L'ultima volta che visse un'esperienza simile, pensò in quel momento, fu quando aveva sei anni e suo fratello maggiore gli rubò un giocattolo.

Dopo 25 anni Corrotti lo nominò vicepresidente di una delle sue compagnie in Asia e lo spedì a lavorare a Kabul, dove un bomba intelligente lo colpì in pieno mentre andava a lavorare. Corrotti era fatto così: "La vendetta è un piatto che va consumato freddo" diceva.

E non era l'unico a pensarla in questo modo...

15-17

Hai un fratello o una sorella? Avete litigato qualche volta? In quali occasioni?

Gemelli e coltelli

È uno scherzo o cosa? Cosa dice la mia TelePacchia? Dove sono i miei giornalisti? Chi ha dato la notizia per primo? – ormai Maneggioni era fuori di sé, non sapeva più cosa pensare, faceva domande e dava ordini a caso, senza nessun controllo sulla situazione. Una sensazione che non aveva mai provato, e che non amava affatto.

O meglio, una volta l'aveva provata, anche lui da bambino, quando con suo fratello gemello Osvaldo giocava a indiani e cowboy. Avevano tutti e due nove anni e Osvaldo, nella parte dell'indiano, lo aveva legato ad un albero in giardino e gli aveva tagliato i capelli a zero. Quando la madre tornò a casa trovò Onofrio ancora sotto shock legato all'albero e suo fratello che gli girava intorno con un coltello in mano e faceva il verso[1] dei Sioux.

Anche Maneggioni, come Corrotti, era uno che si vendicava senza fretta ma in modo definitivo: quando lui e suo fratello diedero vita alla "Maneggioni Spa", Onofrio convinse il fratello ad andare in Brasile per un viaggio d'affari. Il fratello odiava viaggiare in aereo, ma Onofrio si finse[2] malato in modo che andasse Osvaldo. L'aereo però era stato manomesso[3] e precipitò[4] al largo dell'Oceano Atlantico poche ore dopo il decollo[5].

---

1. *fare il verso*: imitare la voce.
2. *fingersi*: far credere a tutti qualcosa che non è vero.
3. *manomettere*: danneggiare di proposito qualcosa.
4. *precipitare*: cadere (per gli aerei).
5. *decollo*: il momento in cui l'aereo si alza da terra.

Nessuna traccia di Osvaldo e del pilota. Onofrio Maneggioni due giorni dopo il funerale festeggiò in privato in un Night Club con Corrotti, già a quei tempi suo amico fedele.

Ma ora, ora questa sorpresa... Cosa stava succedendo?

– Chi è costui[6]? Da dove viene fuori? Mandate qualcuno a scoprire cosa succede! – gridava Maneggioni, camminando avanti e indietro per l'ufficio.

– Calma, calma, sicuramente c'è un errore... – tentava di calmarlo Sgarfigna, e dietro di lui tutto il CdA al completo.

– Mio figlio! Chiamate subito mio figlio! Claudio! Perché non è qui?

– Suo figlio è a casa con quello che pensa sia suo padre... – osò[7] dire Stolidi.

– Ma è assurdo! Tutto questo è assolutamente assurdo! Prima il mio sosia che viene rapito, e fin qui era una cosa positiva, ora quest'altro sosia o chi per lui che entra nella mia casa, prende il mio posto e addirittura racconta tutto ai giornalisti...!

– Proviamo a telefonare a casa, direttore? – propone Corrotti, che sta riprendendo il controllo della situazione, e con in mente un sospetto, sebbene incredibile.

– Telefoniamo! Per dire cosa? Chi risponderà? E se rispondo io? Cioè, quello che ha preso il mio posto... Oddio, non ci capisco più niente, datemi un'aspirina, o qualcosa di forte... – Mentre Maneggioni delirava[8], Corrotti fece il numero della villa di Maneggioni: rispose proprio lui, "l'altro" Maneggioni che, con voce identica[9] all'originale, rispose con un deciso: – Pronto, Maneggioni!

---

6. *costui*: questa persona.
7. *osare*: avere il coraggio di fare o dire qualcosa.
8. *delirare*: dire cose senza senso.
9. *identica*: perfettamente uguale.

Corrotti aspettò prima di rispondere. Poi, quando dall'altra parte la voce chiese, più forte: – Pronto, chi parla? – Corrotti rispose con la sua voce nasale, quasi sottovoce: se un serpente potesse parlare, avrebbe quella voce, la voce di Corrotti, che mormorò:

– Osvaldo, sei tu, vero?

Silenzio. Corrotti capì che aveva fatto centro[10].
Più sicuro, continuò:
– So cosa vuoi, ho capito il tuo gioco. Occhio per occhio, vero?

Dall'altra parte, ancora silenzio. Poi, una voce molto meno sicura di prima:
– Di cosa sta parlando, signore? Chi è Lei?

– Non preoccuparti, non dirò niente. Te l'ho detto, ho capito il tuo gioco e potremmo giocare insieme. Vediamoci.

---

10. *fare centro*: capire tutto, indovinare qualcosa.

La voce del "falso" Maneggioni fece l'ultimo tentativo: – Io riattacco[11], non La conosco, signore.

– Hai capito benissimo chi sono, invece; non aver paura, di me ti puoi fidare. Dobbiamo vederci al più presto.

Corrotti sentì un sospiro profondo, poi silenzio. Dopo alcuni secondi, sottovoce, Osvaldo Maneggioni chiese: – Dove?

– Decidi tu, ma facciamo presto – ordinò Corrotti.

Ancora un sospiro. Ancora una pausa. Poi Osvaldo sussurrò[12]:
– Vieni tu, io sono troppo sotto i riflettori[13] in questo momento.

– Hai ragione, una mia visita darà meno nell'occhio[14]. Ci vediamo lì alla villa alle 9.

E riattaccò, senza nemmeno aspettare la risposta.

Maneggioni intanto continuava a delirare, lui non poteva sospettare, non poteva capire. Corrotti invece aveva capito tutto e ora sapeva di avere un grandissimo vantaggio su tutti: su Onofrio Maneggioni e sul suo gemello Osvaldo, tornato chissà come, chissà da dove.

Quando Corrotti riattaccò, nessuno notò il ghigno vittorioso sul suo volto. Guardò Onofrio Maneggioni e disse:
– Dottor Maneggioni, se mi permette vado a risolvere la situazione. Così, semplicemente.

Tutti lo guardarono senza parlare. Maneggioni per un momento smise di gridare e girare per l'ufficio e lo fissò attonito[15].

– Con permesso – disse solo Corrotti. E uscì.

18-20

11. *riattaccare*: chiudere il telefono.
12. *sussurrare*: parlare a voce molto bassa.
13. *essere sotto i riflettori*: trovarsi al centro dell'attenzione.
14. *dare nell'occhio*: attirare l'attenzione degli altri.
15. *attonito*: molto sorpreso.

Conosci il detto "Occhio per occhio, dente per dente"? Cosa significa? Sapresti spiegare la differenza tra vendetta e giustizia?

Occhio per occhio...

Alle 11.30, quando Corrotti uscì dalla villa di Maneggioni, sapeva ormai tutto: Osvaldo si era miracolosamente salvato dall'incidente aereo, 15 anni fa, e aveva fatto fortuna in Sud America grazie a degli amici e ad affari poco puliti tra traffici di droga e di armi; per 15 lunghi anni aveva sempre pensato a come vendicarsi sul fratello Onofrio e aveva aspettato tutto quel tempo per costruire la sua vendetta, come un puzzle di migliaia di pezzi, che ora era arrivato finalmente alle sue ultime tessere[1]. Ma ecco che era venuto un altro giocatore, Corrotti, che gli aveva preso dalla mano proprio quelle tessere per giocarle insieme a lui. Contro Onofrio Maneggioni, ovvio.

– Tu vuoi la fine di tuo fratello, io voglio prendere il suo posto – gli aveva detto Corrotti senza preamboli[2].

– Qual è il tuo piano[3]? – chiese Osvaldo.

Corrotti preparò la sua voce nasale per dire poche ma chiare parole:
– Ora portiamo tuo fratello allo scoperto[4]. Te lo servo su un piatto d'argento[5], ma tu devi avvertire i tuoi uomini, quelli che hanno rapito il sosia.

---

1. *tessera*: pezzo del puzzle.
2. *senza preamboli*: senza perdere tempo, senza parole introduttive.
3. *piano*: progetto, programma.
4. *portare qualcuno allo scoperto*: espressione che significa "portare qualcuno in un luogo senza nessuna protezione".
5. *servire su un piatto d'argento* (espressione colloquiale): significa "ti porto una cosa (o una persona, in questo caso) davanti ai tuoi occhi senza che tu debba fare niente per averla".

POLIZIA DI STATO
POLIZIA

– Cosa devo dire ai miei uomini?

Corrotti allora spiegò il suo piano:
– Farò uscire dal suo ufficio-bunker Maneggioni e gli dirò che per sistemare tutta la faccenda deve andare in un posto fuori città, dove però troverà i tuoi uomini. Hai capito? Dopo poche ore, qualcuno troverà il corpo di tuo fratello senza vita dentro la sua macchina distrutta contro un albero ... un brutto incidente, poverino. A quel punto, Onofrio Maneggioni sarà morto per tutti. Tu potrai tornare in Sud America con parte dell'enorme eredità[6] che io stesso ti farò avere. Ti va bene l'affare?

– Ma tu cosa ci guadagni? – chiese Osvaldo.

– Beh – fece Corrotti con un ghigno – io prenderò nelle mie mani l'impero Maneggioni, come ho sempre desiderato. In più, ti prometto di versare qualche milione di euro ogni anno su un conto corrente segreto alle Isole Cayman. Che ne pensi?

Osvaldo doveva riconoscerlo: il piano di Corrotti era perfetto.

Ma Corrotti non ebbe nemmeno il tempo di immaginare il suo futuro di grande magnate, perché subito fuori del cancello della villa, una voce gentile lo fermò:
– Permette due parole, dottor Corrotti, sono il commissario Farinelli.

Corrotti si fermò e guardò il commissario come un grosso serpente guarda un topolino.

– Buongiorno commissario, dica pure. Sono a sua disposizione – rispose.

– E lo sarai a lungo, carogna! – ringhiò da dietro le spalle del commissario la voce di Onofrio Maneggioni, rosso dalla rabbia e allo stesso tempo dalla soddisfazione.

D'improvviso Corrotti si sentì al posto del topo e gli tornò la terribile

6. *eredità*: soldi, o altri beni, che una persona morta ha lasciato ai suoi parenti.

sensazione di essere stato derubato di qualcosa, come quando aveva sei anni e suo fratello... ma questo lo sapete già.

– Lei è una persona intelligente, dottor Corrotti, ma è stato proprio un errore stupido, il suo, quello di telefonare dall'ufficio del dottor Maneggioni – disse con tutta calma il commissario Farinelli.

– Cosa? No... non capisco, io...

– Non capisci, eh? Avrai tempo per capirlo! – gridò Maneggioni, sempre più furioso e soddisfatto: "Non capisci che il mio telefono era controllato dalla polizia? Il commissario, qui, ha sentito tutto, e mi ha subito avvertito.

– Sì – confermò il commissario – e abbiamo anche ascoltato la "simpatica" conversazione che ha avuto poco fa con il signor Osvaldo

Maneggioni. Sa, avevamo messo qualche microfono qua e là nella villa, lo facciamo sempre in questi casi.

Corrotti per poco non cadde a terra: non sapeva davvero cosa dire e, come gli capitava in questi casi, iniziò a sudare e a tossire.

Quando anche Osvaldo Maneggioni uscì dal cancello della vil-

la, trovò la stessa accoglienza che aveva trovato Corrotti.

A quel punto il "vero" Maneggioni era esultante[7] – Credevate di farmela[8], eh, carogne? Tu, Osvaldo, non so come ti sei salvato da quell'incidente, ma adesso nessuno ti potrà salvare da un bel periodo di galera! E tu, mio "fedele" Corrotti, ti ha tradito la tua ambizione, la tua smania[9] di prendere il mio posto... Ma non si diventa Onofrio Maneggioni per caso! Ah, c'è una giustizia a questo mondo!

– Sì, signor Maneggioni, c'è una giustizia – replicò in tutta calma il commissario Farinelli, prendendolo per un braccio – e anche lei dovrà rispondere di alcune cosette: come per esempio quello che ha fatto a suo fratello molti anni fa. È tentato omicidio[10], lo sa? Anzi, visto che il pilota dell'aereo è effettivamente morto, si tratta di omicidio premeditato[11].

Maneggioni spalancò gli occhi – Cosa? Ma... è assurdo! Io... io...

– Lei è in arresto come questi signori, dottor Maneggioni, e penso proprio che passerete un lungo periodo insieme, nei prossimi anni. Non è felice? In fondo, sarà in cella col suo migliore amico e suo fratello gemello, ritrovato dopo tanti anni!

L'unica a non capire davvero niente di tutta la situazione fu la signora Maneggioni (quella vera, e unica). Immaginate la sua faccia quando vide dalla finestra della sua camera questa scena: mentre in una macchina della polizia entravano due Maneggioni, identici anche per le facce rabbiose, da un'altra macchina scendeva un terzo Maneggioni, esultante, facendo salti di gioia.

21-24

---

7. *esultante*: molto felice.
8. *farla a qualcuno*: ingannarlo.
9. *smania*: desiderio molto forte e intenso.
10. *omicidio*: quando si uccide qualcuno.
11. *premeditato*: preparato nei dettagli in precedenza.

Indice delle attività

1. Risolvi il cruciverba.

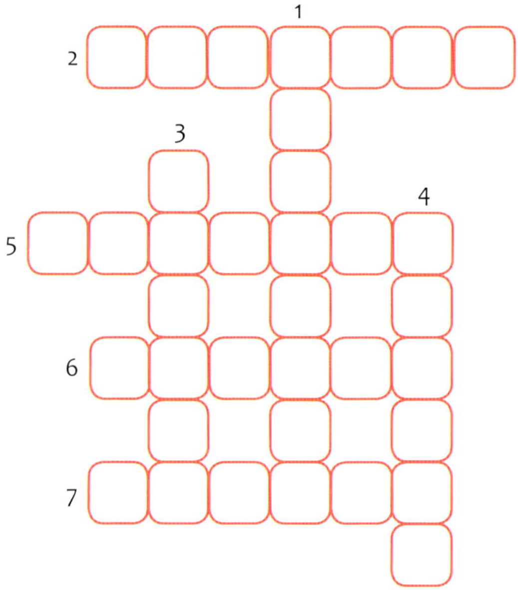

Orizzontali

2. Guardia del corpo.
5. Potente uomo d'affari.
6. Quando c'è un rapimento, si deve ... il riscatto.
7. Aspetto positivo di una persona.

Verticali

1. La polizia lo fa ogni volta che c'è un crimine.
3. Non sa niente di quello che succede.
4. Una cosa molto importante che è successa o succederà.

2. Telegiornale: sei tu il giornalista!

Immagina di essere un/una giornalista di un telegiornale. Dai la notizia del rapimento di Maneggioni secondo le informazioni che hai letto nel primo capitolo.

Scrivi la "traccia" del tuo intervento nell'apposito spazio della pagina accanto e poi esponi la notizia come se fossi in tv (sarebbe interessante poter riprendere la scena con una videocamera o un telefonino). Gli altri compagni possono fare domande "da studio" o immaginare nuovi aggiornamenti e sviluppi del rapimento.

3. Ascolta il brano e completa gli spazi vuoti.

Rimase fuori dalla villa solo il (1)................................ di Polizia Tiziano Farinelli, ma subito entrò nella sua auto per evitare le domande insistenti dei giornalisti.

In verità, il primo a dare la notizia era stato il canale privato di (2)................................ di Maneggioni, la sua TelePacchia, nata solo da alcuni mesi ma su cui Maneggioni (3)................................ molto per entrare nel mondo delle telecomunicazioni: "Se non sei in televisione, non sei nessuno", era solito dire e incominciava a fare una serie di nomi famosi che, in effetti, erano tutti i giorni sugli schermi televisivi di tutta Italia, senza avere altre (4)................................ eccetto quella, appunto, di essere davanti alle telecamere, e non dietro.

Insomma, TelePacchia fu la prima ad avere l'esclusiva della notizia del (5)................................ rapimento e sicuramente, se Maneggioni non fosse stato nelle mani dei suoi rapitori, avrebbe apprezzato l'efficienza dei suoi giornalisti, i servizi speciali dedicati alla sua figura, gli (6)................................ continui in diretta; e che dire degli altri inviati dei giornali più prestigiosi, costretti ad arrivare sempre un minuto dopo questa piccola televisione appena nata, ma che adesso era la regina dell'informazione?

capitolo 2

4. Parliamo italiano o...?

a. Hai sicuramente notato che in questo capitolo ci sono alcune parole straniere. Sai dire quali e cosa significano? Fai la lista delle parole trovate e cerca di spiegare in italiano il loro significato.

	in italiano significa...
________	________
________	________
________	________
________	________
________	________
________	________
________	________

b. Conosci altre parole simili che magari si usano nella tua lingua? Cerca di tradurle in italiano.

5. La televisione di Maneggioni.

Sei un giornalista di *Telepacchia*, la televisione di Maneggioni. Devi fare un ritratto biografico dell'imprenditore, naturalmente positivo. Usa le informazioni che hai trovato nel capitolo per descrivere, in maniera opposta, Onofrio Maneggioni.

....

....

....

....

6. Qual è il contrario di...? Unisci le parole contrarie.

1. scaltro	a. autorizzato
2. abusivo	b. sottosviluppato
3. ambizioso	c. ignorante
4. ricco	d. ingenuo
5. sviluppato	e. povero
6. brillante	f. modesto
7. colto	g. vincente
8. perdente	h. opaco

7. *Cerca l'errore.* Ascolta la traccia audio che si riferisce al testo che segue: sottolinea e correggi gli 8 errori presenti.

Ma, prima di continuare, penso vogliate sapere chi era, o meglio chi è, Onofrio Maneggioni. Non fidatevi di ciò che scriveranno i telegiornali (soprattutto il suo), che parleranno di un grande uomo daffari, lungimirante imprenditore eccetera: in verità, Maneggioni aveva cominciato con una piccola impresa gentile e si era arricchito costruendo le ville abusive dei boss della mafia. Grazie al loro aiuto, poi, aveva ottenuto parchi per costruire autostrade, ospedali e interi quartieri a Roma, a Torino e a Milano. In pochi anni era diventato ricchissimo, potentissimo, ambitissimo, aveva fondato una compagnia di assicurazioni, comprato una catena di alberghi, una di ristoranti e, essendo un grande appassionato di pallacanestro, aveva recentemente comprato una squadra di basket. Nel tempo libero, il suo hobby era vendere armi ai paesi più poveri dell'Africa e dell'Asia: aveva infatti ottimi relazioni con i più sanguinari dittatori del mondo, che potevano sempre contare su di lui per dei prezzi di favore.

Insomma, Maneggioni era un pescespada, un uomo senza scrupoli, una vera e propria carogna, con una lista di nemici che sembrava l'elenco telefonico di Tokyo; del resto, lui stesso era solito dire: "Non esistono gli amici, ci sono solo pollici; e i nemici, chi non ne ha è un perdente."

1	5
2	6
3	7
4	8

capitolo 3

11

8. Correggi gli errori di Galina!

L'amante russa di Maneggioni non parla ancora bene l'italiano e quando parla fa molti errori. Riascolta le sue battute e riscrivi le frasi in maniera corretta.

a. ▪ Gattone, ma hai sentito radio? Dice che tu rapito!

....

b. ▪ Gattone, davvero, io capito bene, radio dice che tu rapito oggi, vieni a sentire tu anche!

....

c. ▪ Ma allora chi rapito...!?

....

d. ▪ Chi sosia, gattone?

....

e. ▪ Ma televisione dice lui uscito da tua casa!

....

9. a. *Hai presente..., che c'entra...?, se la fa..., una fortuna!, si è fregato da solo...!* Sono espressioni colloquiali molto comuni in Italia. Completa le frasi qui sotto con le espressioni giuste.

1. – .... Courtney Cox, quella ragazza che faceva *Friends*? Si è separata dal marito e adesso .... con un famoso cantante canadese!
   – Davvero? Io sapevo che era sposata con Brad Pitt!
   – Ma .... Brad Pitt, lui stava con un'altra attrice, come si chiama...

2. – Ho detto cento volte a Paolo di non andare in quell'agenzia di viaggi, sono poco onesti e hanno viaggi carissimi! Invece lui c'è andato e ha pagato .... per una settimana in Turchia.
   – Che vuoi fare, ... Tu gliel'avevi detto!

b. Scrivi delle frasi in cui usi queste espressioni colloquiali in contesti diversi.

1. ....
   ....
2. ....
   ....
3. ....
   ....
4. ....
   ....
5. ....
   ....

10. Risolvi il cruciverba.

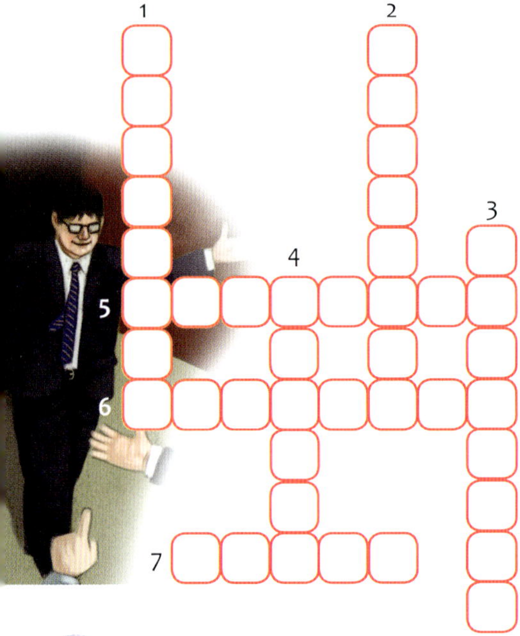

Orizzontali

5. Adatto, giusto.
6. Incomprensione.
7. È buono quello del caffè...

Verticali

1. Dire a tutti.
2. Arrabbiato.
3. Lo fa una palla in movimento.
4. Un sorriso... cattivo!

(12)

11. Ascolta il brano e indica le parole o le espressioni NON presenti.

1. ammanettare ☐
2. per la prima volta ☐
3. pensa di essere ☐
4. un tonno ☐
5. non pensate ☐
6. non mi importa ☐
7. ce la fa con la moglie ☐
8. la voce nasale ☐

12. Persone o animali?

Hai sicuramente notato che spesso per descrivere il carattere di alcune persone vengono usati nomi di animali; ti ricordi quali? E per quali personaggi? Anche nella tua lingua ci sono espressioni simili?
Nella pagina accanto, abbina ciascun animale a quello che secondo te pen-

si sia l'aggettivo più rappresentativo. Discuti poi con i compagni di classe se ci sono differenze tra le espressioni nella tua lingua e quelle italiane.

	Animale		Aggettivo
1.	Leone	(a)	solitario
2.	Coniglio	(b)	coraggioso
3.	Gallina	(c)	intelligente
4.	Orso	(d)	furbo
5.	Aquila	(e)	volgare, sporco
6.	Toro	(f)	forte
7.	Iena	(g)	disgustoso
8.	Volpe	(h)	stupida
9.	Verme	(i)	pauroso
10.	Maiale	(l)	vile, malvagio

capitolo 5

13. Espressioni colloquiali.

Nel corso del racconto abbiamo incontrato delle espressioni colloquiali molto usate nell'italiano parlato. Sapresti dire perché vengono usate? Fai i collegamenti corretti.

1. Un corno!	a. Quando vogliamo che qualcuno non dica qualcosa.
2. Mi raccomando!	b. Quando non siamo d'accordo per niente con chi parla.
3. Acqua in bocca!	c. Quando abbiamo visto qualcosa di bello.
4. Quasi quasi...	d. Quando vogliamo che qualcuno ricordi qualcosa.
5. Mica male!	e. Quando abbiamo voglia di fare qualcosa.

14. Caccia al... "contrario"!

Ascolta la traccia audio con attenzione (anche più volte) e indica, tra gli aggettivi che seguono, quelli che sono il contrario di alcune parole nel brano. Attenzione, però, ci sono quattro aggettivi in più!

- ☐ liberato
- ☐ prime
- ☐ escluso
- ☐ significativo
- ☐ liberi
- ☐ unico
- ☐ innocuo
- ☐ appassionate
- ☐ povero

capitolo 6

15. Completa gli spazi bianchi con le parole date.

entusiasmo · dipendenti · ennesimo · indietro · creativo · trovata

Telepacchia era tornata ad essere una televisione di quarta categoria, tutta concentrata in un rapimento che interessava sempre meno. Maneggioni, nel suo ufficio-bunker, camminava nervosamente avanti e (1)............................, furibondo: "Ci vuole una (2)............................, un colpo di teatro", pensava fumando una sigaretta dietro l'altra, "ci vuole un'idea che faccia tornare gli sponsor a Telepacchia..."; ma, nonostante le mille sigarette e tutti i suoi (3)............................ dell'Ufficio pubblicità e marketing al lavoro 24 ore su 24, l'idea non veniva. Ogni tanto, bussava alla porta un (4)............................, con la cravatta slacciata e proponeva l'ultima trovata dei suoi colleghi:

– Signor presidente! Abbiamo avuto un'altra idea! – diceva.

– Sentiamo... – sospirava Maneggioni ormai senza (5)............................, dopo tanti tentativi inutili.

– Facciamo volare sulla città un elicottero con la scritta "liberate Maneggioni" e per la strada mandiamo delle ragazze in bikini ...

– Fuori di qui, imbecille! – Gridava Maneggioni, lanciando al povero impiegato l'(6)............................ portacenere (naturalmente pieno che, come tutti gli altri, andava a sfracellarsi sulla porta del suo ufficio.

16. Parole composte.

a. Unisci le parole che insieme formano un'espressione particolare e spiegane il significato.

1. Ufficio	a. condizionato
2. Affari	b. organizzata
3. Bomba	c. di Dio
4. Criminalità	d. bunker
5. Riflesso	e. d'oro
6. Ben	f. intelligente

b. Con le stesse parole, fai delle combinazioni diverse, "strane" e divertenti!

4 **17. Ascolta la traccia audio: le parole che trovi qui sotto sono tutte presenti nel brano, ma alcune non sono scritte in modo corretto: quali?**

1. slaccata	☐	6. ringhiava	☐
2. entuziasmo	☐	7. si addormento	☐
3. elicottero	☐	8. alposto	☐
4. inbecille	☐	9. nervoso	☐
5. sfracelarzi	☐	10. sopprasalto	☐

capitolo 7

18. Rispondi alle domande.

a. "Gemelli e coltelli". Hai capito perché il capitolo ha questo titolo? Spiegalo in poche parole.

b. *Fondare, manomettere, dare nell'occhio*: sapresti usare questi verbi in un altro contesto?

c. Corrotti viene definito un serpente. Anche in base a quanto hai letto finora, conosci altri animali per descrivere la sua personalità?

19. Come si dice...?

Una buona idea = ...

Molto arrabbiato = ...

Veloce e nervoso = ...

Cambiato in modo negativo (per le cose) = ...

Perfettamente uguale = ...

Cadere (per l'aereo) = ...

Dire cose senza senso = ...

Parlare a bassa voce = ...

15

20. Ascolta il brano e completa le frasi (max 4 parole).

1. Ormai Maneggioni era ...., non sapeva più cosa pensare.
2. Avevano tutti e due nove anni e Osvaldo, ..., lo aveva legato ad un albero in giardino.
3. Anche Maneggioni, come Corrotti, era uno che .... ma in modo definitivo.
4. Il fratello odiava viaggiare in aereo, ma Onofrio ....
5. Onofrio Maneggioni due giorni dopo il funerale .... in un Night Club con Corrotti.

capitolo 8

21. A coppie. Mettete in ordine le sequenze del racconto.

a. Il vero Maneggioni entra nel suo ufficio durante il CdA e dice ai suoi dipendenti che è stato rapito il suo sosia.
b. Dopo 10 giorni, nessuno parla più del rapimento.
c. Mentre il telegiornale dà la notizia, il vero Maneggioni è al sicuro.
d. Maneggioni viene rapito una mattina mentre esce dalla sua villa.
e. Il canale di Maneggioni dà la notizia del rapimento in esclusiva.

f. A sorpresa appare un altro Maneggioni e dice che il rapimento è falso.
g. La polizia arresta i due Maneggioni e il perfido Corrotti.
h. Il sosia di Maneggioni viene liberato ed è pronto per una nuova vita.
i. Corrotti capisce che il "terzo" Maneggioni è in realtà il gemello del "vero" Maneggioni.
l. Corrotti e il gemello di Maneggioni vogliono uccidere Onofrio Maneggioni.

La sequenza giusta è:

I .... II .... III .... IV .... V ....
VI .... VII .... VIII .... IX .... X ....

22. Immagina una fine diversa.

Pensavi che il racconto finisse in un altro modo? Come? Immagina una fine diversa e confronta la tua idea con quella dei tuoi compagni. Se preferisci, puoi mantenere la stessa fine del racconto e svilupparla immaginando cosa accadrà dopo.

6

23. Caccia al... sinonimo!

Ascolta la traccia audio con attenzione (anche più volte) e indica, tra i verbi e gli aggettivi che seguono, quelli che sono sinonimi di alcune parole nel brano.

succedere ◆ cominciare ◆ emozionato ◆ entusiasta ◆ capire
sostenere ◆ fidato ◆ balbettare ◆ contento ◆ rispondere
assassino ◆ illogico ◆ prigione ◆ prolungato

24. Inviato speciale!

Sei un giornalista davanti alla villa di Maneggioni e vedi le macchine della Polizia e tutto il resto. Immagina di dover scrivere un articolo per il tuo giornale. Puoi anche immaginare di intervistare uno dei protagonisti della vicenda.

1.

2. Risposta libera

3. 1. commissario, 2. proprietà, 3. puntava, 4. doti, 5. clamoroso, 6. aggiornamenti

4. **a.** *showgirl*: ragazza che compare in spettacoli televisivi di varietà; *talk show*: spettacolo radiofonico e televisivo basato su interviste e scambi di opinioni su uno specifico argomento; *reality show*: spettacolo televisivo che mostra la vita reale delle persone; *brochure*: opuscolo, libretto di poche pagine con informazioni (per esempio, su una vacanza o una università); *beauty-farm*: istituto di bellezza per mantenere la forma fisica in ambienti e con metodi naturali; *gossip*: pettegolezzo, chiacchiera (vera o no) che si dice sulla vita delle persone famose; **b.** Risposta libera

5. Risposta libera

6. 1. d, 2. a, 3. f, 4. e, 5. b, 6. h, 7. c, 8. g

7. 1. diranno (scriveranno), 2. d'affari (daffari), 3. edile (gentile), 4. appalti (parchi), 5. ambiziosissimo (ambitissimo), 6. rapporti (relazioni), 7. pescecane (pescespada), 8. complici (pollici)

8. a. Gattone, ma hai sentito la radio? Dice che tu sei stato rapito!; b. Gattone, davvero, io ho capito bene, dice che tu sei stato rapito oggi, vieni a sentire anche tu!; c. Ma allora chi è stato rapito...!?; d. Che cos'è un sosia?; e. Ma la televisione dice che lui è uscito da casa tua!

9. **a. 1.** Hai presente - se la fa - che c'entra; **2.** una fortuna - si è fregato da solo! **b.** Risposta libera

10.

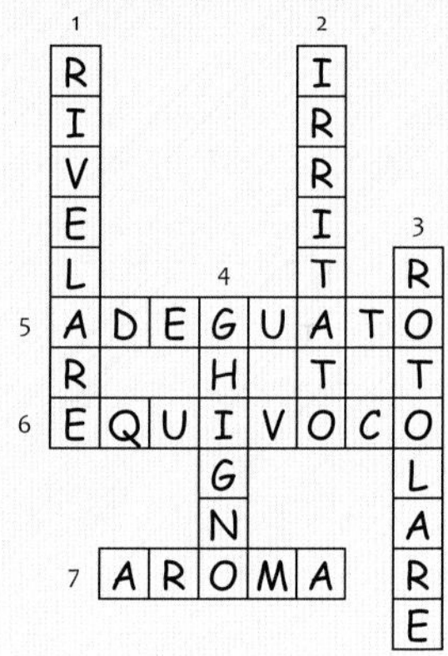

11. 1, 4, 6, 7

12. 1. b, 2. i, 3. h, 4. a, 5. c, 6. f, 7. l, 8. d, 9. g, 10. e

13. 1. b, 2. d, 3. a, 4. e, 5. c

14. liberato (rapito), significativo, innocuo, prime (ultime), liberi (occupati), appassionate, escluso (incluso), unico (insignificante), povero

15. 1. indietro, 2. trovata, 3. dipendenti, 4. creativo, 5. entusiasmo, 6. ennesimo

16. **a.** 1.d - *Ufficio bunker*: un ufficio in cui qualcuno si nasconde e non vuole che entri nessuno; 2.f - *Affari d'oro*: quando guadagniamo molti soldi; 3.g - *Bomba intelligente*: bomba programmata per cadere in un posto preciso, senza sbagliare; 4.b - *Criminalità organizzata*: organizzazione di criminali, come la Mafia; 5.a - *Riflesso condizionato*: una reazione che abbiamo senza la nostra volontà; 6.c - *Ben di Dio*: abbondanza; **b.** Risposta libera

17. 1. slacciata (slaccata), 2. entusiasmo (entuziasmo), 4. imbecille (inbecille), 5. sfracellarsi (sfracelarzi), 7. si addormentò (si addormento), 8. al posto (alposto), 10. soprassalto (sopprasalto)

18. Risposte suggerite: a. Gemelli perché Maneggioni ha un gemello; coltelli perché i due gemelli Maneggioni si odiano da quando sono piccoli e Osvaldo da bambino aveva "fatto lo scalpo" a Onofrio con un coltello; b. Fondare una città/un club, Manomettere una macchina/un computer, Una persona timida/un ladro non vuole dare nell'occhio; c. Iena, avvoltoio, verme

19. *Una buona idea*: una trovata, *Molto arrabbiato*: irritato, *Veloce e nervoso*: frenetico, *Cambiato in modo negativo (per le cose)*: manomesso, *Perfettamente uguale*: identico, *Cadere (per l'aereo)*: precipitare, *Dire cose senza senso*: delirare, *Parlare a bassa voce*: sussurrare

20. 1. fuori di sé, 2. nella parte dell'indiano, 3. si vendicava senza fretta, 4. si finse malato, 5. festeggiò in privato

21. d., e., c., a., b., f., i., l., g., h.

22. Risposta libera

23. succedere (capitava), cominciare (iniziò), emozionato, entusiasta (esultante), capire, sostenere, fidato (fedele), balbettare, contento (felice), rispondere (replicò), assassino, illogico, prigione (galera, cella), prolungato

24. Risposta libera

Fonti fotografie

pag. 46: www.tvdaily.it;
pag. 53: shutterstock.com

Edizioni Edilingua

Proposte per il livello B2-C2

Nuovo Progetto italiano 3
Corso multimediale di lingua e civiltà italiana
Livello intermedio-avanzato (B2-C1)

Mosaico Italia
Percorsi nella cultura e nella civiltà italiana
Livello intermedio-avanzato (B2-C2)

Una grammatica italiana per tutti
Regole d'uso, esercizi e chiavi
per studenti stranieri
Livello intermedio (B1-B2)

I verbi italiani *per tutti*
Livello elementare-intermedio-avanzato